Loi 49 956 du 16 juillet 1949,
sur les publications destinées à la jeunesse.
Dépôt légal: avril 2021
ISBN 978-2-211-30733-8

Mise en pages: *Architexte*, Bruxelles
Photogravure: *Media Process*, Bruxelles
Imprimé en Malaisie par *Tien Wah Press*

Pour Claire et François

Thomas Lavachery

Lilly sous la mer

Pastel
l'école des loisirs

C'est un beau jour pour la science ! Il restera gravé dans les mémoires. La capitaine Lee Bullitt se rend dans l'océan Atlantique pour explorer les grandes profondeurs. Elle est l'inventrice d'une boule d'acier capable de descendre à 2000 mètres sous la mer. Jamais personne n'est allé aussi bas dans l'histoire de l'humanité.

L'extraordinaire engin a été baptisé la «boule Bullitt». Ses parois font 60 centimètres d'épaisseur et sa construction a coûté la coquette somme de 25 000 dollars. Toilettes aspirantes, système de chauffage, transformateur d'eau de mer… tout a été pensé dans les moindres détails.

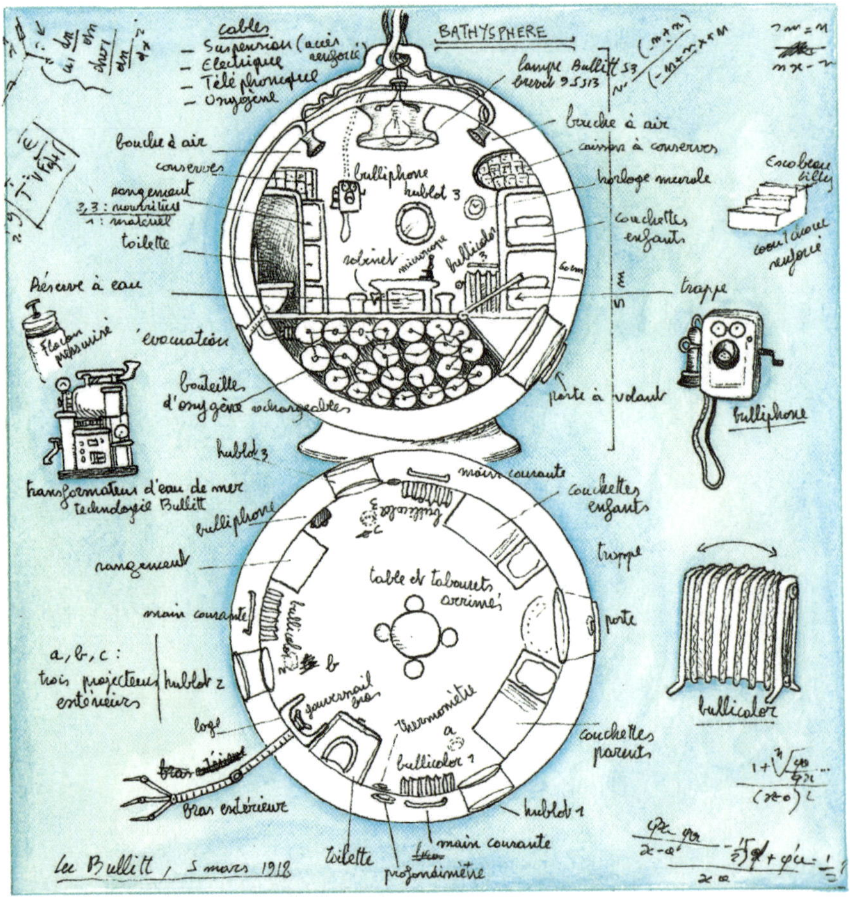

La capitaine sera accompagnée de son époux, Bill Bullitt Junior. Membre de la New York Zoological Society, savant réputé, Monsieur Bullitt est un spécialiste de la biologie sous-marine. Il est l'auteur d'un ouvrage remarquable sur le requin-marteau.

Comme ils ont prévu de rester un mois entier sous la mer, les Bullitt ont décidé d'emmener leurs enfants, Theo et Lilly, dans la boule.

Theo, 13 ans, est un fanatique de sport. C'est un garçon plein d'assurance, un brin prétentieux. Lilly est une rêveuse. À 5 ans et 2 mois, elle n'a pas encore prononcé un seul mot.

D'après sa gouvernante, Madame Honnuzël, Lilly fait sans doute partie de ces enfants qui refusent de parler avant de pouvoir dire des phrases impeccables.

Le *Challenger*, trois-mâts à moteur, quitte le port de New York le 5 septembre 1920. Chargé de l'énorme boule, il prend la direction du sud-est afin de gagner l'archipel des Bermudes. L'océan est exceptionnellement profond dans cette zone.

ÉTATS-UNIS D'AMÉRIQUE
New York

L'expédition a été annoncée en gros titres dans les journaux. « Le secret des abysses bientôt révélé ! » titre le *Daily News.*

En France, en Belgique, en Norvège, à Chypre, en Perse, en Mandchourie, aux Philippines, en Guyane, aux Indes néerlandaises, au Togo, au Swaziland, en Égypte, au Canada… partout dans le monde, les gens se passionnent pour la plongée imminente des Bullitt.

Après un voyage sans encombre sur une mer clémente, le *Challenger* arrive enfin en vue des Bermudes. Il rejoint un point précis au large de l'île Nonsuch.

— Nous y voilà, dit Monsieur Bullitt, d'une voix quelque peu enrouée.

Aurait-il peur, par hasard ? Ce n'est pourtant pas son genre.

Le navire tangue au-dessus de l'abîme. Des oiseaux de mer, mouettes, phaétons et pétrels, font des acrobaties au ras de l'eau.

Après avoir pris congé de l'équipage, les Bullitt pénètrent dans la boule d'acier. L'ouverture est très étroite, il faut marcher à quatre pattes pour entrer. Il est 15 heures.

Le silence règne à présent sur le *Challenger*, rompu seulement par le léger bruit des vagues heurtant la coque. L'instant est solennel.

Les matelots échangent des regards inquiets, tandis que la boule oscille dans le vide comme un pendule. Un grincement retentit. Ça y est, elle commence à descendre.

— Puissent-ils revenir sains et saufs ! murmure le photographe de bord.

« Puissions-nous revenir vivants de ce voyage », songe Monsieur Bullitt à l'intérieur de la boule.

À 15 heures, 11 minutes et quelques secondes, le dimanche 12 septembre, la boule Bullitt entre dans l'eau. Ses occupants, fortement secoués, s'accrochent aux mains courantes.
Bientôt, le sol de la boule se stabilise, et les Bullitt peuvent tenir sur leurs jambes. Leur premier réflexe est de courir au hublot.
— J'ai le cœur qui bat à 300 à l'heure, mes enfants ! dit Monsieur Bullitt. Quelle aventure nous vivons, *my goodness* !

Lilly est trop petite pour accéder aux hublots. Sa mère a prévu le problème et a fabriqué un escabeau en caoutchouc renforcé, léger et pratique, pour permettre à sa fille d'observer le monde sous-marin.

— Des morues ! s'exclame Monsieur Bullitt, le nez collé au hublot. *Gadus morpha*, c'est le nom latin. On les appelle aussi morues franches ou cabillauds. Les plus grandes pèsent 30 kilos.
— Heureux de l'apprendre, dit Theo d'un ton blasé.

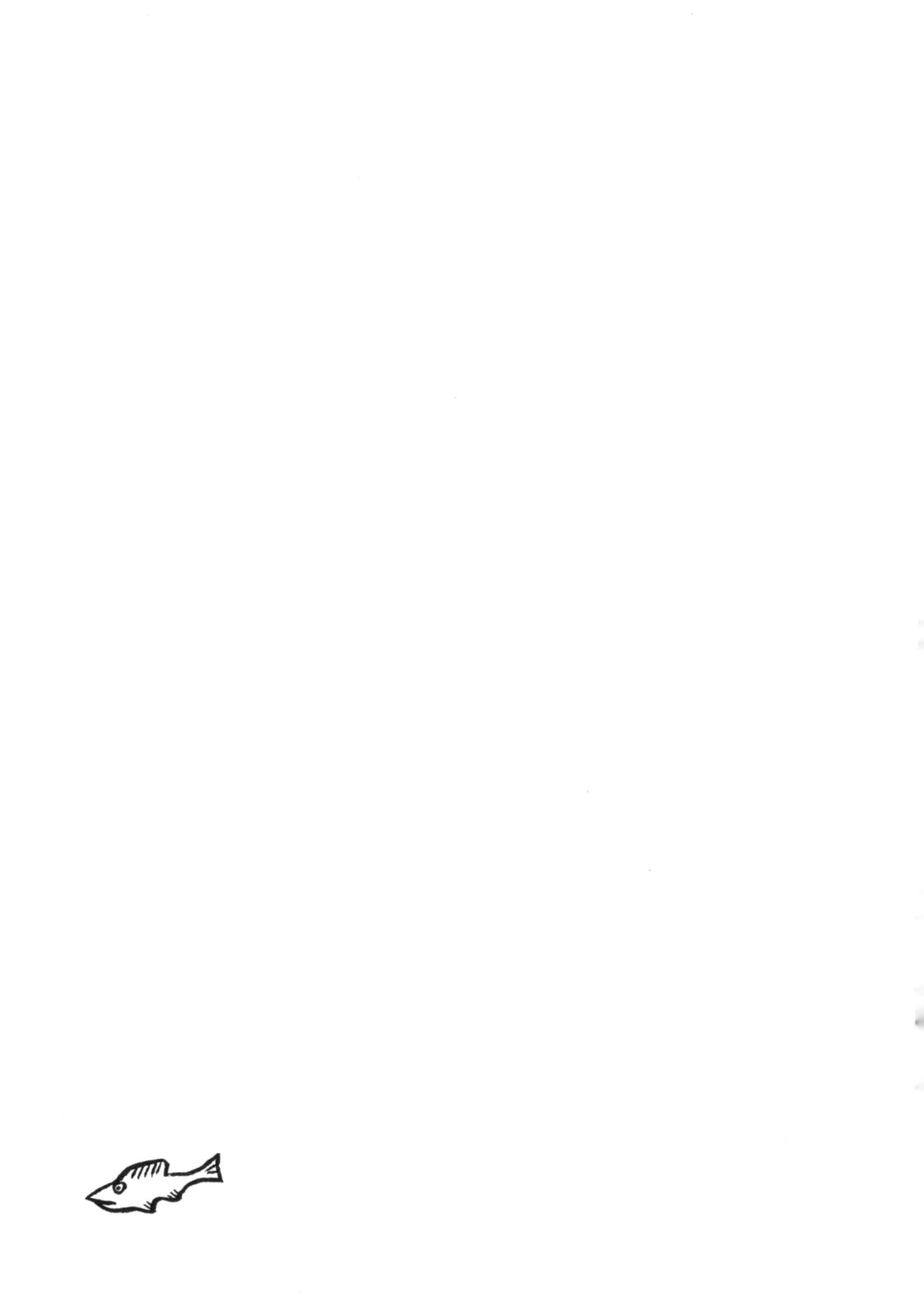

— Et là, regardez ! s'écrie Monsieur Bullitt. Un requin-marteau. *Mon* requin ! Si ce n'est pas un signe de chance, je veux bien changer de prénom, ha ! ha ! ha !

— La femelle requin-marteau peut porter jusqu'à quarante embryons. Elle met ses petits au monde après onze mois de gestation. Onze mois, vous m'avez bien entendu !

— Nous le savons, Bill, signale la capitaine.

— Tu nous l'as déjà dit, bâille Theo. Au moins onze fois !

La boule Bullitt poursuit sa plongée vers les abysses. Dehors, c'est à présent le noir total. La capitaine a allumé les projecteurs extérieurs. Et comme il commence à faire froid, elle a ouvert les « bullicalors », ces radiateurs concaves spécialement conçus pour l'expédition.

— Me recevez-vous ? crie soudain une voix nasillarde.

La capitaine se saisit du « bulliphone ».

— Nous vous recevons cinq sur cinq, dit-elle. Tout va bien ici. Que Dieu bénisse l'Amérique !

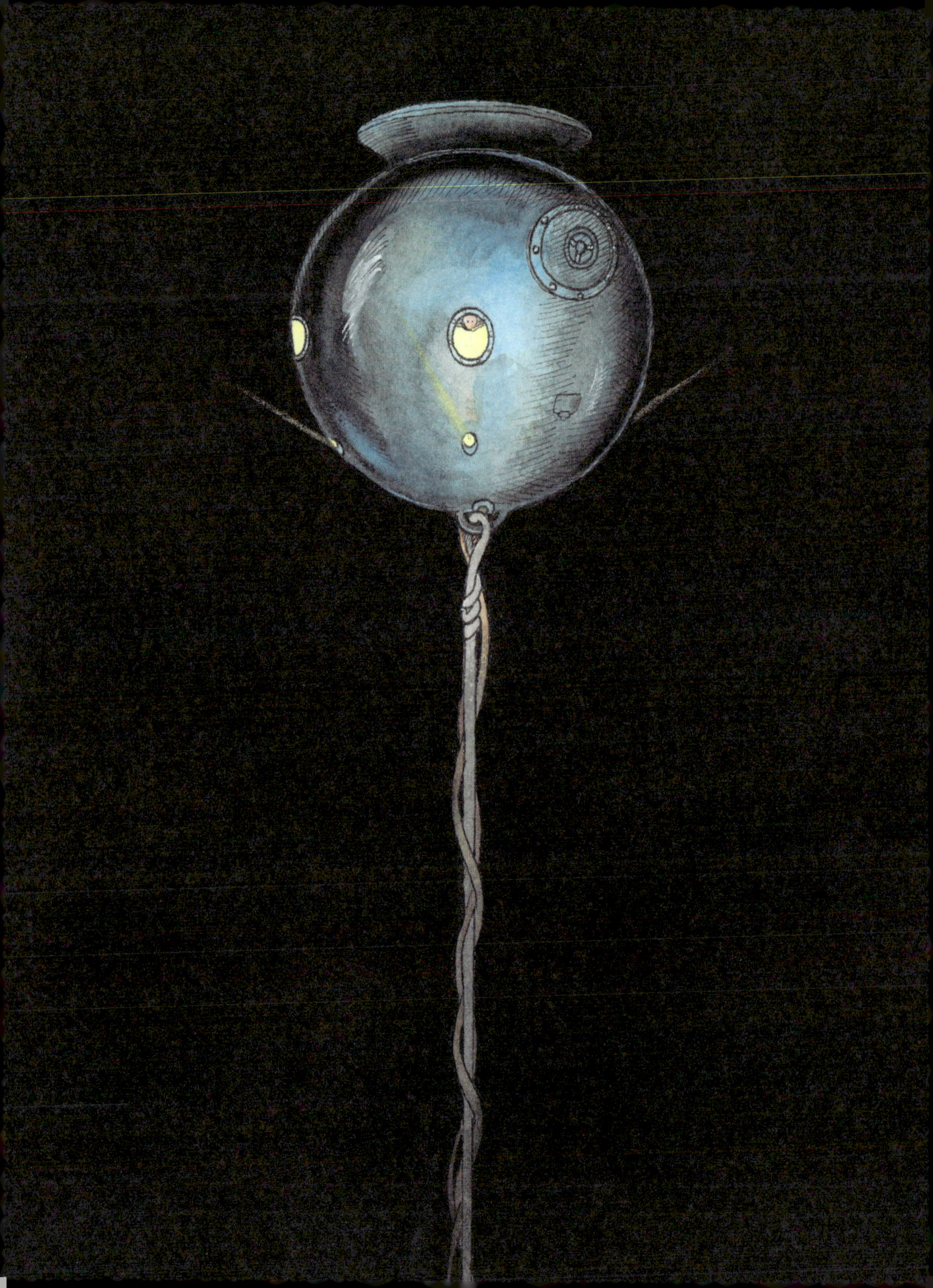

300 mètres, 400 mètres…

Les oreilles bourdonnent, on se sent plus lourd.

800 mètres, 1000 mètres, 1500 mètres…

La boule grince de partout, mais elle résiste bravement à la terrible pression.

Soudain, la lumière s'éteint.

— *Goodness* ! s'effraie Monsieur Bullitt.

Mais l'électricité revient bientôt, et le voyage vertical peut continuer normalement.

1762 mètres… 1824 mètres…

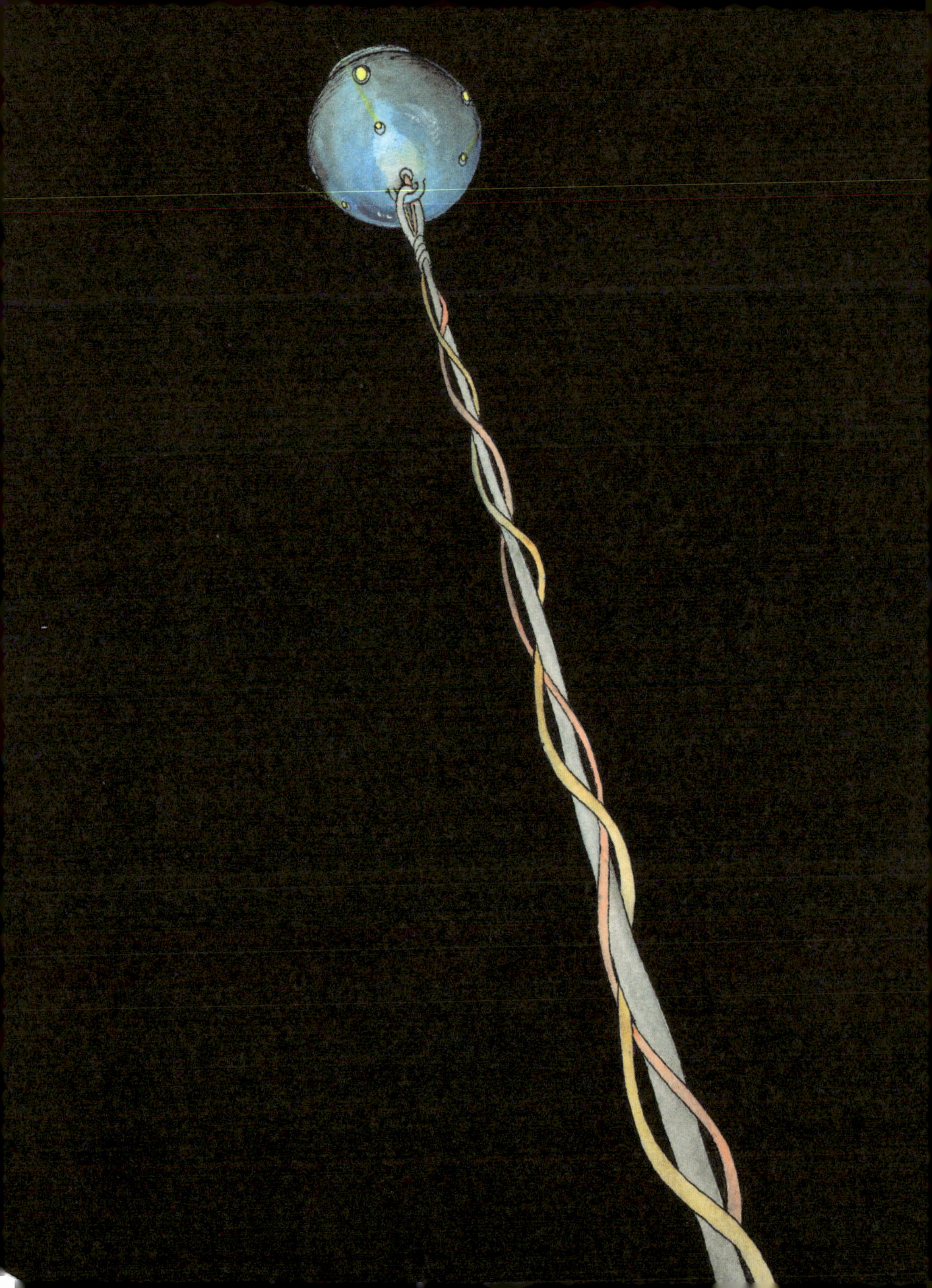

Enfin, après 3 heures et 40 minutes de descente, la profondeur de 2000 mètres est atteinte ! Le fil d'acier est entièrement déroulé. Les Bullitt ne pourraient pas aller plus bas.

ALLO, ICI LE *CHALLENGER*, ME RECEVEZ-VOUS ? ALLO ?... ALLO !?

ICI BILL BULLITT JUNIOR. CRIEZ PAS SI FORT, LES GARS. ON N'EST PAS SOURDS !

18 septembre

Les Bullitt séjournent dans la boule depuis une semaine. Chaque soir, ils prennent leur pouls, leur température et leur tension. Il s'agit de voir comment l'organisme se comporte en grande profondeur.

La vie animale existe-t-elle à 2000 mètres ? Monsieur Bullitt en est persuadé. Avant le départ de l'expédition, il a annoncé à la presse qu'il en apporterait la preuve. Mais, pour l'instant, les projecteurs n'attirent aucune créature, ni poisson, ni crustacé, ni céphalopode...

L'océan est vide, désespérément vide.

— Et si j'étais dans l'erreur, songe Bill Bullitt Junior. *My goodness*, me serais-je trompé ?

Grâce au bras extérieur, la capitaine prélève des échantillons d'eau. Monsieur Bullitt les analyse longuement au microscope. Par malheur, ils ne recèlent rien d'intéressant. C'est de l'eau morte, pour ainsi dire.

23 septembre

Tandis que la capitaine vérifie les instruments, son époux s'abîme les yeux à regarder dans le microscope. Ses efforts ne donnent toujours aucun résultat.

— Lilly est encore au hublot, observe Theo. Le temps qu'elle passe à regarder le vide… C'est dingue !

— Les petits enfants s'amusent de spectacles qui n'intéressent pas les plus grands, dit la capitaine. Ton cousin Jim, quand il était bébé, restait des heures devant un mur de brique.

— Y'a rien à voir dehors, que du noir idiot, et elle reste là comme une cruche. Pfff !

— Theo ! se fâche Monsieur Bullitt. Viens apprendre à utiliser le microscope, au lieu de dire des bêtises.

— Lilly est nulle, fait Theo entre ses dents.
S'il voyait ce qu'elle contemple à ce moment précis, peut-être la traiterait-il avec plus d'égard.

26 septembre

Quinzième jour sous la mer. Theo tourne en rond, les mains dans les poches. Ses parents ont toujours quelque chose à faire pendant que lui se contente de compter les heures. Il ne rêve que d'une chose : remonter à l'air libre et faire du sport.

Lilly a enfin quitté son hublot. Elle est en train de dessiner.

— Tiens, dit Theo, elle a fait une méduse.

— Mais non ! le détrompe la capitaine. Elle ne sait pas ce que c'est, une méduse.

— Ben alors, c'est quoi ?
— Un bonhomme. Les petits enfants ne sont pas capables de représenter un corps humain complet. Ils dessinent une énorme tête, une ou deux jambes… Au début, il n'y a même pas de bras, comme ici. On appelle ça la phase « têtard ».
— Pfff !

À ce moment-là, Monsieur Bullitt se lève en poussant un grand cri :

— Victoire ! Dans le dernier échantillon, il y a… il y a…

— Quoi ? demande Theo.

— Voyez vous-mêmes.

La capitaine et Theo s'approchent de la table… Dans le flacon numéro 17, deux animalcules s'observent à l'œil nu. Ce sont des espèces de crevettes lumineuses.

Le moment est historique. Après tant d'efforts et d'espoirs déçus, c'est enfin la récompense !
— Regardez comme elles gigotent, souffle la capitaine, attendrie.
— La vie ! hurle Monsieur Bullitt dans le bulliphone. Nous tenons la preuve, ça y est !

2 octobre

Depuis la découverte, les Bullitt se relaient auprès du flacon numéro 17. Une attention constante est nécessaire pour maintenir les crevettes dans les bonnes conditions de température, de pression, de lumière, etc.

Même Theo s'intéresse aux créatures lumineuses. Il ne pense plus au championnat de baseball, bâille et soupire moins souvent.

— Tu ne viens pas faire coucou aux petites crevettes, Lilly ? lance Monsieur Bullitt.

— Laisse-la donc, dit la capitaine. Tu sais bien que ça ne l'intéresse pas.

— Elle préfère le mur de brique, plaisante Theo.

Le 12 octobre, après un mois de séjour sous-marin, les Bullitt sont remontés. Ils émergent de la boule sous les hourras de l'équipage du *Challenger*.

Le médecin de bord les examine longuement et les déclare en parfaite santé.

Le voyage de retour s'effectue dans la liesse. On chante, on danse sur le pont. Les Bullitt se donnent du bon temps, sans toutefois oublier de veiller sur le bien-être des précieuses crevettes.

À New York, le président Wilson est sur le quai. Il accueille les héros avec chaleur et leur remet à chacun la médaille du Mérite glorieux, prestigieuse entre toutes.

Tout le monde ne parle que des Bullitt. C'est la Bullittmania !

Un mois plus tard, Monsieur Bullitt donne une conférence à la New York Zoological Society.

L'une des crevettes s'est éteinte (c'est le cas de le dire) la veille, mais l'autre, baptisée Zeus, est toujours vivante. Monsieur Bullitt la présente au public avec émotion.

— Oui, la vie est possible à 2000 mètres de profondeur ! clame-t-il dans l'amphithéâtre, devant une foule captivée. Je l'avais dit, et je le prouve. Mesdames et Messieurs, voici Zeus, la crevette abyssale !

C'est justement le soir de la conférence que Lilly décide de parler pour la première fois de sa vie. La longue causerie de son père a dû l'inspirer. Et comme on pouvait s'y attendre, elle prononce d'emblée une phrase impeccable…

Les époux Bullitt et leur fils se rendent à une réception donnée en leur honneur. Le président et la Première dame seront présents, ainsi que de nombreuses personnalités.
Pendant ce temps, Lilly rentre à la maison en compagnie de Madame Honnuzël, sa gouvernante. Elle ne cesse de causer le long du chemin. «Quand on pense que, hier encore, elle était muette, songe la gouvernante. Extraordinaire!»

Dans la chambre de Lilly, il fait aussi noir que dans les abysses. La petite fille n'est pas fatiguée. Elle rêve les yeux grands ouverts en souriant d'une oreille à l'autre.

Les Bullitt rentrent après minuit, épuisés mais heureux de leur succès. Ils trouvent Madame Honnuzël endormie.

— Il me semble que j'entends une voix, s'étonne Monsieur Bullitt.

— Ça vient de chez Lilly, dit Theo.

— Elle devrait pourtant dormir depuis longtemps, s'inquiète la capitaine.

Les époux Bullitt et leur fils se dirigent alors vers la chambre de Lilly. Le tapis épais étouffe le bruit de leurs pas.

— De la lumière, chuchote la capitaine en désignant le bas de la porte. Eh bien, c'est confirmé : elle veille ! Que diable peut-elle faire ?

MESDAMES ET MESSIEURS,
LA VIE EXISTE À 2000 MÈTRES
DE PROFONDEUR.
ET VOICI...

... LES HABITANTS DES ABYSSES !

Ce qu'ils sont devenus

Les Bullitt ont effectué onze plongées dans les années 1920. Ils ont pris d'innombrables photographies abyssales grâce au «bulliflash», l'appareil conçu par la capitaine. Leur livre illustré, *Into the Deep* (*Dans les profondeurs*), est un best-seller international.

Après de courtes études, Theo est devenu joueur de baseball professionnel, puis journaliste sportif. Il a épousé Fanfan Arbuckle, une Américano-française passionnée de volcans. Ils ont sept enfants et un lion domestique.

Quant à Lilly, elle a étudié la zoologie tropicale à l'université de Jakarta. Elle passe sa vie à courir les forêts humides, à grimper aux palmiers et à descendre les fleuves sauvages en pirogue. À 22 ans, elle est célèbre pour sa découverte du *coloris nasus*, le seul reptile à sang chaud connu à ce jour.

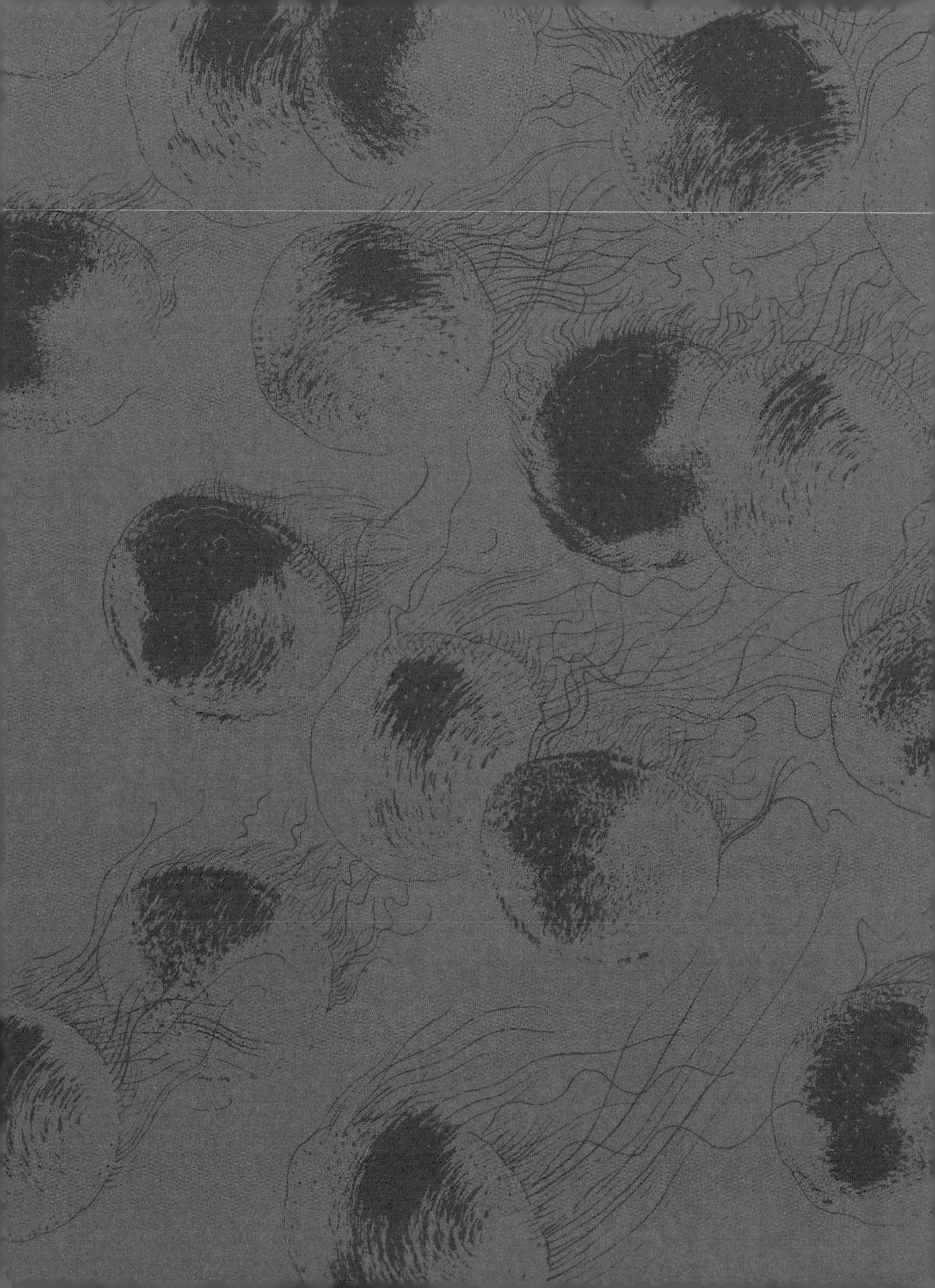